MÉTHODE CUISSART

ENSEIGNEMENT PRATIQUE ET SIMULTANÉ

DE LA

LECTURE

DE L'ÉCRITURE

DE L'ORTHOGRAPHE ET DU DESSIN

(Programme du 27 juillet 1882)

—

MÉTHODE RATIONNELLE

préparant les enfants à la lecture expressive et à l'intelligence de la langue

CONTENANT

76 vignettes et des notions élémentaires de dessin

d'après la méthode de **M. LACABE**

INSPECTEUR PRIMAIRE

PAR

E. CUISSART

MEMBRE DU CONSEIL SUPÉRIEUR DE L'INSTRUCTION PUBLIQUE
ET DU CONSEIL DÉPARTEMENTAL DE LA SEINE
INSPECTEUR PRIMAIRE A PARIS
CHEVALIER DE LA LÉGION D'HONNEUR

—

Cet ouvrage fait partie du *Nouveau cours d'enseignement primaire*
fourni gratuitement par la **Ville de Paris** à ses écoles, adopté par les villes
de **Lyon, Bordeaux, Marseille**, etc., porté sur les listes départementales
et honoré de **trente** récompenses aux diverses expositions

13me édition

DEUXIÈME LIVRET

ÉTUDE DES SONS ET DES ARTICULATIONS

composés

13me édition

PARIS

LIBRAIRIE PICARD-BERNHEIM ET Cie

11, RUE SOUFFLOT, 11

1887

AUX INSTITUTEURS ET AUX INSTITUTRICES

Nous prions MM. les instituteurs et mesdames les institutrices de vouloir bien se reporter à la préface du premier livret.

Nous croyons inutile de revenir ici sur l'exposé des principes de notre méthode et sur son mode d'emploi. Le deuxième livret n'est que la continuation pure et simple du premier.

On procédera pour les consonnes et les articulations composées, comme on l'a fait pour les éléments simples, sons et articulations, formés d'une seule lettre.

L'important est d'aller lentement, de bien faire saisir aux enfants le mécanisme et l'assemblage des articulations et des sons pour former des syllabes et des mots.

Les mots seront toujours expliqués. On ne laissera rien d'à peu près su, rien qui ne soit compris. Nous désirons que les maîtres s'inspirent des procédés placés à la suite de chaque leçon et qu'ils suivent la marque logique naturelle à l'enfant. Il n'y a qu'une méthode logique, naturelle, c'est celle qui procède du connu à l'inconnu, du concret à l'abstrait. Au rôle passif et machinal autrefois réservé à l'enfant, nous désirons substituer un rôle actif qui mette en jeu ses organes et ses facultés.

« Le maître parle aux élèves de l'objet qu'ils ont sous « les yeux à la fois dessiné et écrit ; puis il leur montre « les caractères qu'on emploie pour écrire le nom de l'objet. « Il écrit lui-même au tableau noir le mot entier, puis le « décompose sous leurs yeux pour leur faire prononcer « isolément la voyelle, pour leur montrer comment les con- « sonnes les modifient ; puis il leur fait chercher, deviner, « en quelque sorte, par analogie, quelques mots usuels où « se trouvent les mêmes sons et par conséquent les mêmes « lettres. Voilà pour l'exercice de l'ouïe et de la vue ; « celui de la main en est le complément immédiat............

Il est facile de comprendre que cette méthode, outre « qu'elle facilite les premiers éléments de la lecture et de « l'écriture, leur donne une portée nouvelle en les ratta- « chant à toutes sortes de leçons qui leur communiquent « quelque chose de leur variété et de leur attrait (1).

Nous avons tenu à reproduire le passage du remarquable rapport de M. Buisson sur l'exposition de Vienne dont nous avons déjà parlé (2).

Nous ne voulons pas mettre notre méthode sur le pied des méthodes allemandes ; elle ne peut en avoir ni le cachet ni l'originalité. Le génie de notre langue et les caractères de notre écriture cursive ne se prêtent pas tout à fait aux genres d'exercices exposés dans les méthodes d'Outre-Rhin. Ce que nous avons eu en vue, ce que nous avons voulu, c'est de rendre pour les enfants le double apprentissage de la lecture et de l'écriture, moins pénible, moins fastidieux ; c'est de faire que les enfants observent, voient et suivent le fil d'une démonstration, d'une idée ; ce que nous désirons, c'est que les exercices combinés d'écriture, de lecture soient, pendant les premières années de l'école, suivant encore l'expression de M. Buisson « comme le lien et le centre de toutes les parties de l'enseignement. »

Nous prions les maîtres de s'inspirer des recommandations et des procédés placés à la suite de chaque leçon, mais de s'inspirer bien plus encore de leur esprit d'initiative et de progrès, pour varier les exercices, pour donner de l'attrait à leurs leçons, pour faire que les enfants voient, jugent, apprécient, comprennent pour, en un mot, s'emparer des sens des enfants afin de les façonner, de les diriger et de faire pénétrer dans leur intelligence, les premiers éléments des connaissances, tout en jetant dans leur cœur les premières assises du sens moral et du patriotisme.

Ainsi que nous l'avons dit au premier livret, les leçons seront expliquées, écrites, démontrées au tableau noir.

Chaque leçon du livret pourra donner lieu à deux ou trois leçons spéciales, ou même plus.

On aura recours aux lectures collectives ; puis à la lecture individuelle en ayant soin de s'occuper des enfants qui vont moins vite.

On veillera à ce que les enfants n'apprennent pas les mots assemblés ou les phrases par cœur.

Toutes les leçons seront copiées par les enfants qui liront ensuite leur copie. On ne peut admettre que des élèves écrivent et ne puissent pas lire leur écriture.

Peu à peu on amènera les enfants à écrire quelques mots sous la dictée.

Enfin, nous livrons notre travail à l'expérience pratique des instituteurs en sollicitant leurs observations et leurs avis.

Nous terminerons en reproduisant quelques conseils de M. Gréard, l'éminent vice-recteur de l'Académie de Paris, conseils qui s'appliquent à toutes les matières d'enseignement et qu'on ne saurait trop répandre et reproduire :

« ...Ménager les préceptes et multiplier les exercices ; ne « jamais oublier que le meilleur livre pour l'enfant, c'est « la parole du maître ;...... amener l'enfant par des ques- « tions bien enchaînées à découvrir ce qu'on veut lui mon- « trer ; l'habituer à raisonner ; faire qu'il trouve, qu'il voie ; « en un mot tenir incessamment son raisonnement en mou- « vement, son intelligence en éveil ; pour cela ne rien lais- « ser d'obscur qui mérite explication ; pousser les démons- « trations jusqu'à la figuration matérielle des choses toutes « les fois qu'il est possible..... »

On ne saurait mieux ni plus justement définir les qualités pédagogiques qui doivent distinguer les maîtres, les instituteurs et les institutrices chargés d'apprendre à lire et à écrire aux enfants. Nous laissons nos lecteurs sous l'heureuse impression des paroles d'un homme qu'un ministre éminent a appelé récemment « le premier instituteur de France. »

F. CUISSANT.

---

(1) M. Buisson, Rapport sur l'exposition de Vienne, p. 154 et 155. (Appréciation d'une méthode allemande concernant l'enseignement de la lecture, de l'écriture et de la langue.)

(2) Voir notre brochure : De l'enseignement mécanique de la lecture. (*Même librairie.*)

MÉTHODE CUISSART

LECTURE,—ÉCRITURE,—ORTHOGRAPHE,—DESSIN

EXERCICES DE RÉCAPITULATION (1)

VOYELLES

a, e, i, o, u, y.

CONSONNES

*b, c, d, f, g, h,
j, k, l, m, n, p, q,
r, s, t, v, x, z.*

ALPHABET

a. b. c. d. e. f. g. h. i. j. k. l. m. n.
o. p. q. r. s. t. u. v. x. y. z.

Procédés. — (1) Faire lire, copier, reconnaître les lettres de façon à ce que les enfants n'aient aucune hésitation, soit pour la distinction des lettres ou pour leur reproduction. Cela est essentiel avant de passer aux exercices ou leçons du deuxième livret. — Il conviendra aussi de revenir sur la leçon récapitulative qui suit (page 4 du présent livret). Les élèves ne sauraient être trop familiarisés avec les premiers éléments de la lecture et de l'écriture.

MAJUSCULES ET MINUSCULES

A a		J j		R r		
B b		K k		S s		
C c		L l		T t		
D d		M m		U u		
E e		N n		V v		
F f		O o		W w		
G g		P p		X x		
H h		Q q		Y y		
I i				Z z		

Al sa ce,   Ba ra,   Car not,   Da nu be,   E pi nal,
Fi nis tè re,   Ga li lée,   Hu go,   I ta lie,   Ju ra,
Ka bi le,   La mar ti ne,   Mo lé,   Nec ker,   Oc ta ve,
Pas cal,   Qué bec,   Ri vo li,   Sé né gal,   Tur got,
Ulm,   Val my,   Wa ter loo,   Xé rès,   Y ve tot,   Zo é.

Procédés. — Expliquer les mots. Faire lire les lettres majuscules et les mots, et les faire copier par petites fractions. Donner les explications que les mots comportent. — Faire en sorte que les enfants puissent écrire leur *nom*, leurs prénoms. Les leur donner à copier. Faire copier le nom de la commune, du canton, du département, le nom du bureau de poste, et, dans les villes, le nom de la rue habitée par la famille avec l'indication du n° de la maison.

1° SONS COMPOSÉS ET CONSONNES SIMPLES

ou 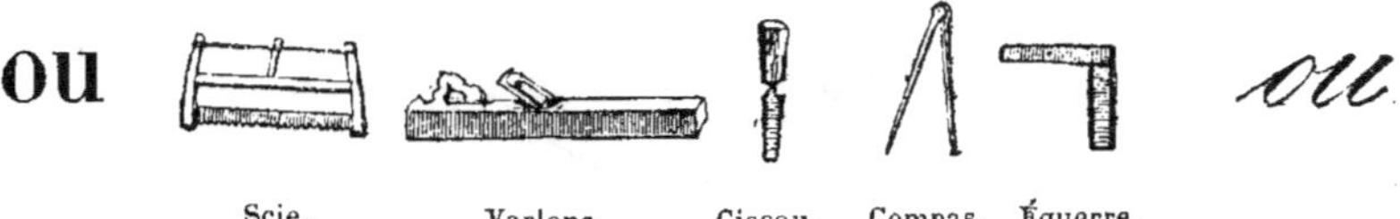 ou

Scie.   Varlope.   Ciseau.   Compas.   Équerre.

Outils (1)

— 1 —

s ou — p ou — c ou — f ou — m ou — r ou — t ou.
cou cou — jou jou — bou le — dou te — fou le.
sou ris — tou pie — pou pée — sou pir — ja loux.
cour — four — sour ce — four mi — jour nal — loup.

— 2 —

Cou pe la sou pe ; le rou ge a ca jou ; la fou gè re.
Le ma tou joue a vec la sou ris ; le bout de bou gie.
La cou vée de la pou le ; re ti re la tour be du four.
Joue a vec ta tou pie ; la bour be du ca nal ; toux.

— 5 —

Roule la boule ; tourne la roue ; Louis a une bourse.
Le tour de poulie ; une belle poule du Pérou.

Je joue avec ma poupée

oi

Oie (1)

— 1 —

m oi — r oi — t oi — l oi — v oi — s oi — p oi — f oi.
boi re — é moi — moi ne — voi le — toi le — noi re.
moi si — foi re — é toi le — i voi re — voi tu re — soir.
noir — ti roir — mi roir — ra soir — noir cir — poi re.

— 2 —

Une ar doi se noi re ; une poi re ; la belle soi rée.
La toi le de la voi si ne ; une voi tu re de bois sec.
Le sac de noix ; le four noir ; le jour nal du soir.
É loi se cou pa le doigt ; ô te le ra soir du ti roir.

— 3 —

Félix sera soumis ; une boîte de bougies ; armoire.
La victoire de l'armée ; le hibou vole le soir.

Une belle ardoise noire.

eu

eu

Europe (1)

— 1 —

feu — jeu — peu — veu — seu — reu — meu — leu.
aveu — meule — neveu — jeudi — veuve — neuve.
pieu — vieux — vareuse — jeune — vapeur.
facteur — dormeur — docteur — vapeur — veuve.

— 2 —

Le neveu de la veuve ; la meule de la meunière.
Julie demeure ; une vareuse neuve ; l'acteur.
Ne joue pas avec le feu ; la terreur du voleur.
Le laboureur ; le cultivateur apporte du beurre.

— 3 —

La meute du veneur ; le mineur ; une heure de jeu.
Thiers, le libérateur du territoire ; sois courageux.

Ne joue pas avec le feu.

an  *an*

Ancre (1)

— 1 —

v an — t an — p an — r an — g an — s an — d an.
an se — san té — tan te — ban de — dan se — di van.
can ti ne — gan se — lan ter ne — san té — sa vant.
vo lant — é tang — mou rant — han gar — a man de.

— 2 —

La san té de ma man ; le ru ban de ma tan te.
La lan ce du sol dat ; la lan ter ne de la voi tu re.
U ne ban de de ve lours ; la la ve du vol can.
Ce sa vant a soi xan te ans ; le jeu de vo lant.

— 3 —

Du lard rance ; le ruban noir ; une douce amande.
Le beurre de Normandie ; une orange mandarine.

Fernand demande une orange.

Procédés. — (1) Donner quelques explications sur cet appareil ; dire à quoi il sert. Détacher le son **an** du mot **ancre**. Faire remarquer quelles lettres entrent dans le son **an**. Décomposer **ve, an, van,** etc. Explication des mots. Ne pas négliger les exercices au tableau noir pour les leçons générales. — Faire copier les leçons ; exiger peu de copie à la fois. Faire lire les copies. Faire remarquer, découvrir le son **an** dans tous les mots.

in *in*

Invalides (¹)

— 1 —

v in — l in — p in — f in — t in — s in — d in — r in.
la pin — ma rin — lin ge — ma tin — sa pin — pin ce.
bu rin — pé pin — sa tin — sin ge — cou sin — voi sin.
mou lin — jar din — bou din — ve nin — mé de cin.

— 2 —

Le jar din du voi sin ; du lin ge fin ; le vin pur.
Le ma rin se lè ve ma tin ; le tic tac du mou lin.
Mar tin a tué deux la pins ; le ve nin de la vi pè re.
U ne ter re in cul te ; le fer po li de la lin gè re.

— 3 —

Le burin du tourneur ; le bassin du jardin.
Le médecin savant ; la pince, le pic du mineur.

Firmin a deux petits lapins.

on   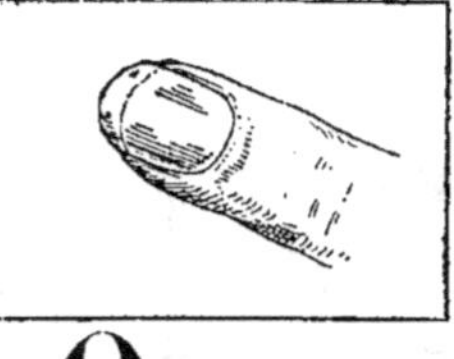   *on*

Ongle (1)

— 1 —

d on — s on — b on — n on — t on — j on — m on.
ron ron — on ze — bâ ton — ca non — bi don — bon té.
din don — co ton — cou pon — bou ton — car ton.
ju pon — lon ge — pis ton — ba llon — co con — son.

— 2 —

Lé on a ob te nu son par don ; la mar mi te de fon te.
Le bou ton de mon pan ta lon ; la toi son du mou ton.
La soie du co con ; le son du pis ton ; le pont.
Ne jou ons pas a vec le feu ; le mou ron du pin son.

— 3 —

Le jupon de coton ; le bouton de la porte ; le son.
Mon cousin se lève de bon matin ; ton sac de noix.

Gaston sera bon pour son cousin.

Procédés. — (1) Agir comme précédemment. — Détacher le son **on** du mot **ongle.** Faire voir quelles lettres forment on, etc., etc. — Décomposer **de, on, don,** etc.
— Veiller à ce que les élèves n'apprennent pas par cœur. Explication des mots et des phrases. Copie. Lecture des copies. — Détacher le son **on** des mots. Le faire découvrir par les élèves.

un      *un*

Un (1)

— 1 —

un — l un — f un — t un — b un — j un — c un — s un.
lun di — dé fun te — a lun — o ppor tun — jun te.
Re po se-toi le jeu di, non le lun di ; la de meu re
de la dé fun te ; un hé ri ta ge o ppor tun ; la
for tu ne du dé funt ; l'a ci di té de l'a lun.

RÉCAPITULATION (Sons composés, *sans équivalents*)

ou — oi — eu — an — in — on — un.

Le jo li bec du pin son ; Lé on dan se sur le
ga zon ; on fe ra u ne rou te neu ve de vant ma
de meu re ; le bon vin rou ge de mon cou sin ;
Jus tin a ré col té ce ma tin un sac d'a voi ne ;
nous a vons co rri gé nos de voirs, ré ci té nos
le çons ; res pec te la mé moi re de ton pè re dé funt.

Antoine a un joli ballon.

Procédés. — (1) Mêmes observations que précédemment. Donner beaucoup d'explications. Veiller à l'écriture, à la lecture des copies. Faire reconnaître les sons étudiés.

2° CONSONNES DOUBLES ET VOYELLES SIMPLES

ch  *ch*

va**che** (1)

— 1 —

ch a — ch o — ch u — ch é — ch e — ch i — ch è.
cha — cho — chu — ché — che — chi — chè.
ni che — ru che — ro che — lâ che — ta che — va che.
pê che — mè che — bi che — ri che — char — chu te.

— 2 —

Ju les se dé pê che, il a chè ve sa tâ che ; la bi che
se ca che ; le che val fe ra u ne chu te ; la Chi ne.
Le ca ni che lè che le chat à sa ni che ; la cha ri té.

— 3 —

L'âne mange un chardon ; la chaleur du four.
Une machine à vapeur ; la hache du bûcheron.

Charles fera une chute de cheval.

gn   *gn*

vi**gne** (1)

— 1 —

gni — gn o — gn a — gn é — gn e — gn u — gn è.
gni — gno — gna — gné — gne — gnu — gnè.
vi gne — si gne — ba gne — ga gné — li gne — di gne.
rè gne — ro gné — i gno ré — re chi gné — si gnal.

— 2 —

É mi le pê che à la li gne ; Ju les a ga gné u ne
ma chi ne ; tu as vu le si gnal ; le cy gne na ge ;
Char le ma gne a ré gné ; la di gni té du pè re.

— 3 —

Un rognon de mouton ; la cigogne a un long
bec ; la cognée du bûcheron ; le signal du
départ ; une vigne mal cultivée ; ma signature.

La digne mère du vigneron.

Procédés. — (1) Leçon sur la **vigne** ; sa culture, ses produits, etc. — Combien de syllabes ? *Deux.*
— Vi gne. Occupons-nous de la seconde **gne**. Enlevons la dernière lettre, nous aurons **gn** ; mettons a, o,
nous aurons **gna, gno,** etc. — Décomposer d'abord, puis arriver vite à la lecture sans décomposition.
— Exercices au tableau noir : lire, écrire, lire la copie, les exercices du tableau, le livret, employer sou-
vent le tableau noir. — Veiller à ce que les enfants ne lisent pas par cœur. Intervertir et faire dire :
Emile, ligne, pêche, etc., etc. Faire trouver l'articulation **gn** dans tous les mots.

ph (f)

Photogra**phe** (1)

— 1 —

ph o — ph i — ph a — ph u — ph e — ph é — ph è.
pho — phi — pha — phu — phe — phé — phè.
pha re — pha se — phé nix — phé bus — é pi ta phe.
sa phir — phé nix — pa ra phe — phé no mè ne.

— 2 —

Le pha re de la cô te di ri ge le ma te lot ; la
lu ne a des pha ses ; Ré mi a lu u ne pe ti te pa ge.
U ne a llu met te phos pho ri que ; Phi li ppe a lu
l'é pi ta phe ; é phé mé ri de ; phar ma cie ; or phe li ne.

— 3 —

Le paraphe de ma signature ; un phénomène.
Le fichu de Joséphine ; l'épitaphe du défunt.

Philippe, Félix, sont orphelins.

---

gu

Or**gue** (1)

— 1 —

gu e — gu é — gu i — gu a — gu ê — gu è — gu y.
gue — gué — gui — gua — guê — guè — guy.
gué ri — guê pe — gui de — gué ri te — do gue.
gui ta re — gui pu re — gui gne — ba gue — gui se.

— 2 —

Le gui du chê ne ; u ne fi gue sè che ; le dogue.
U ne pi ro gue lé gè re ; le gui de de la ca ra va ne.
U ne al gue ma ri ne ; la po che de la sa ri gue.

— 3 —

Le son de l'orgue ; la digue du moulin ; le dard
de la guêpe ; le chaton d'une bague ; la guérison
du malade ; il a cassé une corde de la guitare.

Gustave a gagné une bague.

---

qu

Cas**que** (1)

— 1 —

qu i — qu e — qu o — qu a — qu ê — qu è — qu é.
qui — que — quo — qua — quê — què — qué.
quê te — pho que — pi que — lo que — qua li té.
qua tor ze — qui ri nal — que rel le — qui ni ne.

— 2 —

La mar qui se de l'é co le ; le mas que du dé gui sé.
A chè te quel ques pi lu les de qui ni ne ; le
por ti que du cir que ; cher che à ac qué rir de bel les
qua li tés ; qui tte ton châ le de ca che mi re.

— 3 —

Une longue pique ; le casque du soldat ; le chef
de musique ; la lanterne magique ; Québec, ville.

Jacques a une lanterne magique.

Tena**ille** (1)

— 1 —

ill a — ill é — ill è — ill u — ill i — ill y — ill o.
illa — illé — illè — illu — illi — illy — illo.
bi lle — qui lle — ca ille — pa ille — bi llard — ta ille.
vo la ille — mé da ille — u ne fu ta ille — ba ta ille.

— 2 —

A chè te u ne bi lle ; la pa ille de l'or ge ; la vo la ille
de la fer me ; le mur ou mu ra ille de pier re.
la fu ta ille ; a chè te de la va ni lle ; je ta ille.

— 3 —

Une bille d'ivoire ; la chute de la Bastille ; le
jeu de billard ; la chenille du papillon ; la
rouille ronge le fer ; une futaille de bon vin.

À la bataille, Jules gagna la médaille.

Procédés. — (1) Quel est cet objet? Combien de syllabes ? La troisième donne le nom de l'articulation ill. — A quoi sert une **tenaille**? En quoi est-elle faite? De combien de parties se compose-t-elle? Comment sont-elles réunies ? Quels objets sont réunis de la même manière? Quels sont les ouvriers qui s'en servent? etc. — Explication des mots. Copier chaque leçon. Lire les copies.

br   *br*

Ar**bre** (1)

— 1 —

bri — bro — bru — bra — bre — bré — brè.
bri — bro — bru — bra — bre — bré — brè.
so bre — bri de — a bri — bri ga de — bro dé.
a bri cot — bru tal — bru me — ar bre — bra ve.

— 2 —

La bri de du che val ; l'a bri cot mûr ; la bri se de
la mer ; la bru ta li té du cha rre tier ; un a bri sûr.
La so bri é té de l'â ne ; la bri è ve té de la vie ; la
Bre ta gne a ri de ; la bri o che se ra brû lée ; bri se.

— 3 —

Une branche de chêne ; je brûle du charbon.
La brise légère ; un bras de mer ; le feu brille.

Le bûcheron coupe l'arbre

Procédés. — (1) Faire voir l'*image* — Les enfants savent tous ce que c'est qu'un **arbre**. — Décomposer le mot et s'arrêter sur la deuxième syllabe **bre**. — Ecrire les deux lettres *br* et les faire assem-
bler comme si elles n'en formaient qu'une : **be re** et dire **b're**, puis **bro**, **bre**, **i**, etc., puis **bri**,
bro, etc. — Expliquer les mots, les faire comprendre en les adjoignant à des phrases. — Faire lire
séparément les mots en ne suivant aucun ordre. Lire, copier, puis lire la leçon du tableau, la copie, le livret.

fr

Gau**fre** (1)

— 1 —

fr a — fr o — fr u — fr e — fr i — fr é — fr è.

fra — fro — fru — fre — fri — fré — frè.

frè re — fri sé — fri tu re — fro ma ge — fra gi le.

frê le — frac tu re — fré ga te — fri su re — fri pe rie.

— 2 —

Le frè re a vu la fré gate ; le re pas fru gal ; le
ver re fra gi le ; le fri cot ; la fri tu re ; fro ma ge.
Ma rie a fri pé sa ro be ; le pe tit frè re a la tê te
fri sée ; la frac tu re du bras ; le fra ter nel a mi.

— 3 —

Je soufre la vigne ; du fromage de brebis ; soulage
ton frère ; le froufrou de la soie ; le frelon pique.

Mon frère me donna un bon fruit.

Procédés. — (1) Que représente cette *image* ? Un gaufrier et des gaufres. Les enfants aiment les
gaufres. La dernière syllabe est **fre**. Disons tous : **fr** ; ajoutons **a**, nous avons **fra** ; **o**, **fro** ; **i**, **fri**, etc.
— Expliquer les mots. — Mêmes observations que précédemment. Faire remarquer et découvrir dans
les mots l'articulation qui fait l'objet de la leçon.

cr 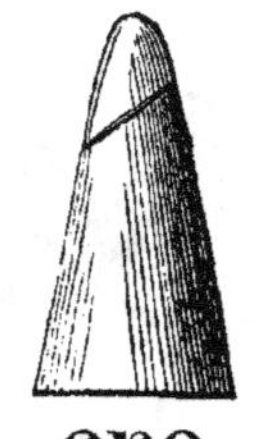 *cr*

su**cre** (1)

— 1 —

cri — cr o — cr a — cr u — cr é — cr è — cr e.
cri — cro — cra — cru — cré — crè — cre.
crè me — cri me — cru el — cra va te — cra tè re.
crê te — cro chu — cra be — crâ ne — cré a tu re.

— 2 —

La cri niè re du che val ; cri no li ne ; la cri se du
ma la de ; la cru che de ter re ; la cré ne lu re.
Le cris tal fra gi le ; la tê te cré pue ; l'é cri tu re
jo lie ; le ri che cré o le ; la cra va che or née.

— 3 —

Le cratère du volcan ; le maçon crépit le mur.
Le crâne chevelu ; la nacre brillante ; le crin
du cheval ; le cri du hibou ; la croisée du salon.

Émile croit avoir une cravate.

pr

Pam**pre** (1)

pr

— 1 —

pr u — pr o — pr é — pr i — pr a — pr è — pr e.
pru — pro — pré — pri — pra — prè — pre.
pré — pru ne — prê che — pré lat — prix — prêt.
prê té — pré vot — pri me — pri se — pro di gue.

— 2 —

Le pré vert ; le pro pos i nu ti le ; la pru ne mû re ;
Ré mi a ob te nu deux prix ; la pro me na de pro pre.
La fi ne pra li ne ; prê te ta cra va te ; le pré cep te
du sa ge ; le pré ci pi ce es car pé ; le fruit mûr.

— 3 —

Une prune verte ; une prise de tabac ; mange une
praline ; le pré sera coupé ; la proue du navire

Prosper a obtenu un joli prix.

Procédés. — (1) Que représente cette *image ?* Une tige de vigne avec des feuilles. Cela s'appelle pampre. Distinguer **pr**, etc. — Copier les leçons. Toujours expliquer les mots. Lire les copies. Appeler l'attention sur l'articulation étudiée.

gr  *gr*

Ti**gre** (1)

— 1 —

gr o — gr a — gr i — gr u — gr é — gr è — gr e.
gro — gra — gri — gru — gré — grè — gre.
gri ve — gra ve — ti gre — grê le — gri ma ce.
gra de — gris — gre na de — gre nu — gré sil — grue.

— 2 —

La ro be gri se ; le ti gre cru el ; le gra de du
ca po ral ; le sol de la Grè ce ; la gre na de mû re.
U ne grue, ma chi ne qui é lè ve les pier res ; le
gré sil de l'hi ver ; la gra tui té de l'é co le ; grè ve.

— 3 —

La grille de la cour ; une grappe de muscat.
Une poularde grasse du Mans ; un gros grelot.

Grégoire a tué douze grives.

dr

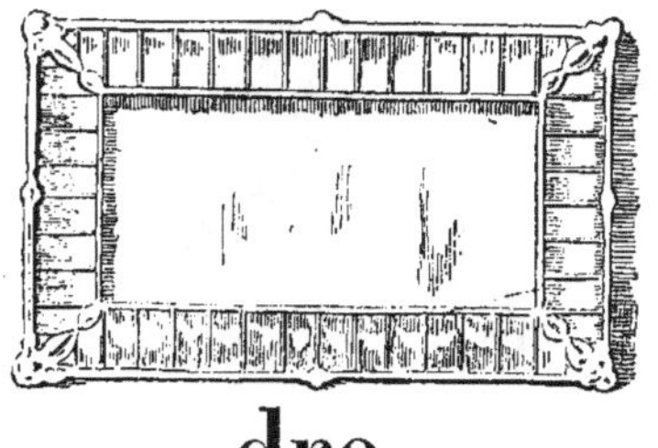

ca**dre** (1)

— 1 —

dr a — dr o — dr i — dr u — dr é — dr è — dr e.

dra — dro — dri — dru — dré — drè — dre.

dra gée — drap — dra me — dro gue — drô le.

dra pé — dra pe rie — es ca dre — ca dre — or dre.

— 2 —

Le ca dre do ré ; la dra gée fi ne ; la fa bri que de drap ; la dro gue mé di ca le ; l'or dre du gé né ral.

Mé dor va te mor dre ; l'es ca dre a re çu l'or dre de par tir ; le dra me cé lè bre ; drê che ; dra gue.

— 3 —

Le casque du dragon ; il y a six degrés de froid.

Du bon drap de Sedan ; du cidre de Bretagne.

Mon frère m'a donné des dragées.

tr      *tr*

Mon**tre** (1)

— 1 —

tr u — tr a — tr e — tr o — tr i — tr é — tr è.
tru — tra — tre — tro — tri — tré — trè.
no tre — vo tre — trui te — tra me — trê ve.
tra pu — tri cot — vi tre — tri tu ré — tri vial.

— 2 —

Un as tro no me ; le tri a ge du ca fé ; le tri bu nal.
Ma rie a tri co té la cra va te ; no tre frè re par ti ra
mer cre di ; l'as tro no me a vu u ne   é toi le.

— 3 —

Un trou profond ; la trappe de la cave ; un tronc
d'arbre ; un bon patriote offre sa vie pour sa
patrie ; travaillons pour la grandeur de la France.

La patrie forme une grande famille.

Procédés. — (1) Que vous représente cette figure ? Une **montre.** — A quoi servent les montres ?
— A voir l'heure. — N'y a-t-il que des montres pour indiquer l'heure ? — Les horloges, pendules, etc.
— Quelle heure marque cette montre ? — La deuxième syllabe est **tre,** enlevons e, nous aurons tr, articulation composée de deux lettres avec o, cela fait tro ; i, tri, etc. — Copier les exercices au tableau
noir ; appeler l'attention des enfants sur l'articulation étudiée ; faire copier, lire les mots. Exiger toujours la lecture et l'écriture simultanée de façon à ce que les enfants puissent toujours lire leur écriture.
Faire remarquer les **tr** des mots.

Chè**vre** (1)

vr   *vr*

— 1 —

vr e — vr o — vr a — vr i — vr é — vr è — vr u.
vre — vro — vra — vri — vré — vrè — vru.
li vre — vi vre — chè vre — i vre — lè vre — fiè vre.
i vro gne rie — che vri er — li vrée — lé vri er.

— 2 —

Tu as vu no tre li vre ; la chè vre brou te le pré ; le
lé vri er a gi le ; vo tre frè re a la fiè vre ma li gne.
L'i vro gne rie, vi ce i gno ble, dé gra de ce lui qui
s'y li vre ; la cra va che jo lie ; u ne li vrée ri che.

— 5 —

Le givre de l'hiver ; du bon poivre gris ; une
corde de chanvre ; tu feras un trou avec la vrille.

Sevrin a livré le livre.

fl

Buf**fle** (1)

— 1 —

fl è — fl o — fl a — fl i — fl u — fl e — fl é — fl û.
flè — flo — fla — fli — flu — fle — flé — flû.
flû te — flo re — flux — flot — fla que — flè che.
flé tri — flé chi — flo tte — flu vial — flui de.

— 2 —

La flû te de buis ; le flux de la mer ; la flè che a
flé chi ; la pê che flu via le ; la pè che se ra mû re.
Le flot i rri té ; u ne fla nel le ; la fla tte rie a
flé tri ; la flui di té du li qui de ; flè che ; si ffle.

— 3 —

La fleur du jardin ; la source du grand fleuve.
Un flacon de verre ; le flux, le reflux de la mer.

Florine soigne la fleur.

bl

Ta**ble** (1)

— 1 —

bl é — bl i — bl o — bl a — bl e — bl u — bl è.

blé — bli — blo — bla — ble — blu — blè.

blâ me — blâ ma ble — blê me — blê mir — blé.

blo cus — a gré a ble — é ta ble — pro blè me.

— 2 —

L'ac te blâ ma ble ; u ne bo nne ré col te de blé.

Ré mi a fi ni le pro blè me ; le blé a é té cri blé.

La ta ble se ra pro pre ; Ju les a blê mi, pâ li ; il
a é té ré ta bli ; A na to le a ré col té du blé.

— 3 —

Une blouse bleue ; un bloc de marbre ; une
chevelure blonde ; du sablon très fin ; un meuble.

Blanche a oublié son cartable

Procédés. — (1) Quel est cet objet? Combien de syllabes? La dernière donne le nom de l'articulation bl. — Combien a-t-elle de pieds? Différentes sortes de tables? Les différents usages? Le nom de l'ouvrier? de la profession? etc. Faire remarquer le bl des mots. Copier. Lire la copie. Expliquer les mots.

cl 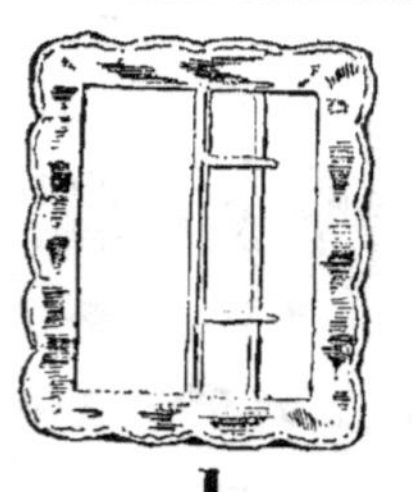 

Bou**cle** (1)

— 1 —

cl é — cl i — cl a — cl u — cl è — cl o — cl e.
clé — cli — cla — clu — clè — clo — cle.
so cle — cla que — clo che — clo a que — clo re.
clos — clô tu re — cer cle — siè cle — cla sse.

— 2 —

La cli ni que de l'hô pi tal ci vil ; le cli mat du mi di ; jo lie clé ma ti te ; le flot cla po te ; cla ri fié. Le câ ble se ra ré ta bli ; la clô tu re de la fê te de Cler mont ; la clo che a ppel le à l'é co le ; club.

— 3 —

La lune nous donne sa clarté la nuit ; Clotilde a perdu la clé de la classe ; le rude climat.

Clotilde donne la clé de la classe.

pl

Tem**ple** (1)

— 1 —

plu — plo — pla — pli — ple — plé — plè.
plu — plo — pla — pli — ple — plé — plè.
plu me — plat — pla ce — pla ge — pla ci de.
pla ne — pla nè te — pla que — pla ti ne — pla ta ne.

— 2 —

Ju les prê te sa plu me ; la pla ce pu bli que se ra
pla ne ; la pla ge, plat ri va ge de la mer ; le plat.
La pla que de mé tal de pla ti ne ; pla ta ne, bel
ar bre à é cor ce li sse ; Char les a vu la pla nè te.

— 3 —

Une plume d'oie ; une place forte ; le plat rond.
Une planche de chêne ; il plante un platane.

Charles met la plume à sa place.

---

gl

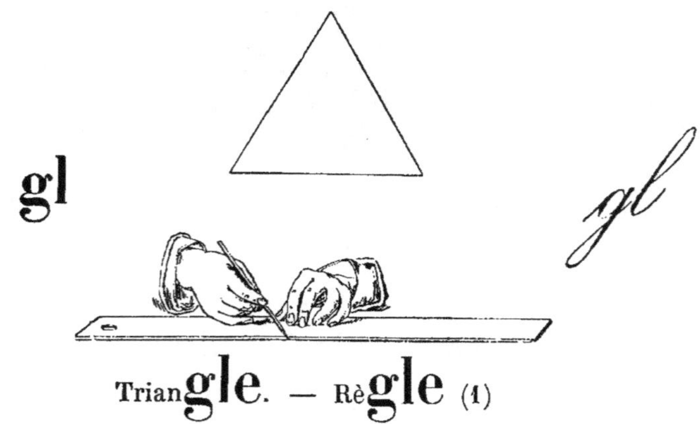

gl

Trian**gle**. — Rè**gle** (1)

— 1 —

gl a — gl o — gl i — gl e — gl u — gl é — gl è.
gla — glo — gli — gle — glu — glé — glè.
gla ce — glu — gla ne — glo be — glo bu le.
rè gle — bu gle — glè be — glo ri fié — glo tte.

— 2 —

A ma ble a gla né du blé ; o bé ir à la rè gle,
di sci pli ne de l'é co le ; le glas fu nè bre ; gla cis.
Le glo be, fi gu re de la ter re ; la por te de la
gla ciè re se ra or née d'u ne gly ci ne ; gla cia le.

— 3 —

Une glace de Venise ; le canard glouton ; la
glane du glaneur ; la gloire du soldat ; le bâton.

La gloire du soldat patriote.

Procédés. — (1) Cette image vous montre un **triangle** et une **règle**. Le **triangle** est une figure
qui a trois angles. Le faire voir? — Combien de syllabes dans le mot **règle**? *Deux.* — La deuxième
est **gle** ; remplaçons e par i, nous aurons **gli** ; par a, **gla**, etc. — Explication des mots. — Mêmes observations que précédemment.

st

st

Lampi**ste** (1)

— 1 —

st a — st o — st è — st i — st u — st e — st é.

sta — sto — stè — sti — stu — ste — sté.

sta ble — stè re — sto re — sta tue — sta ge — sta de.

sti mu lé — sty le — sti pu ler — sta lle — sté ri le.

— 2 —

La sta bi li té ; le sto re de la fe nê tre ; la sta tue
de la Ré pu bli que ; le sta ge de l'a vo cat ; stuc.
Le stè re, me su re du sy stè me mé tri que ; le
sté no gra phe é crit vi te ; la sté ri li té du step pe.

— 3 —

Un arbre stérile ; le style de Madame de Sévigné.
Un stère de bois ; un élève courageux, studieux.

Stanislas sera studieux.

Procédés. — (1) L'ouvrier qui fabrique des lampes s'appelle **lampiste**. Nous entendons à la fin
du mot : st ; ajoutons **a**, nous aurons **sta**, etc. — Explication des mots. — Mener toujours de front la
lecture, l'écriture, l'orthographe et donner constamment les explications que comportent les mots lus et
écrits.

sp

Spahi (1)

— 1 —

sp i — sp é — sp o — sp a — sp e — sp u — sp è.
spi — spé — spo — spa — spe — spu — spè.
spar te rie — spas me — spa tu le — spé cial — spa hi.
spi ra le — spec ta cle — spé ci fier — spé ci fi que.

— 2 —

Le ta pis de spar te rie ; le spas me du ma la de ;
la spa tu le du mé de cin ; le spec ta cle a gré a ble.
Le re mè de spé ci fi que ; la spi ra le ; Spar te,
vi lle de la Grè ce ; la spé cia li té de l'ar tis te.

— 3 —

Un spahi indigène ; une faveur spéciale ; un spectre.
Une salle spacieuse ; la spirale de ma montre.
Ce marchand a spéculé à la Bourse de Paris.

Le spectacle spirituel.

Procédés. — (1) Cette image représente un **spahi.** — Le spahi est un cavalier africain indigène de l'Algérie. Indigène, veut dire *né dans.* — Qu'est-ce que c'est que l'Algérie ? — Où se trouve située l'Algérie ? — Le mot **spahi** a deux syllabes ; si nous retranchons a de la première, il reste notre articulation **sp,** — Explication des mots. — Lire, écrire, orthographier. — Donner toujours de nombreuses explications.

EXERCICES DE RÉCAPITULATION

ch — chê ne ; ché tif ; u ne ri che che ve lu re.
gn — fiè vre ma li gne ; le na vi re a é té si gna lé.
ph — phar ma cie ;   la pho to gra phie réu ssie.
gu — la guê tre gri se ; la gué ri te du sol dat.
qu — Qué bec, vi lle de l'A mé ri que du Nord.
ill — che ni lle ; qui lle ; Ju les a a che té u ne ca ille.
br — bre tel le é las ti que ; le bra ve ma te lot.
fr — Fré dé ric ; fra ppé ; la pa ru re fri vo le.
cr — crè che ; cri blé ; le cri ti que sé vè re.
pr — pré fec tu re ; pri se ; le pri vi lè ge a bo li.
gr — gra ti tu de ; gra vi té ; la gri ve gri se.
dr — dra gée ; Drô me ; le ci dre de Pi car die.
tr — tré bu ché ; tra ves ti ; la tra me de l'é to ffe.
vr — vri lle ; vi vre ; la chè vre a ler te, vi ve.
fl — flot ; flo ré al ; la bu ffle te rie du sol dat.
bl — blê mir ; blo cus ; le blu ta ge du blé.
cl — cla vi cu le ; cli ché ; la ré cla me ad mi se.
pl — pla ti ne ; plâ tre ; pli ; la sur fa ce pla ne.
gl — gla cial ; gla ne ; gland ; le gla cis du fort.
st — sté ri le ; sto mac ; la sta tue é ques tre.
sp — spi ra le ; Spi re ; Re né a é té au spec ta cle.

Procédés. — Lire, copier. Faire trouver, distinguer les articulations composées en ne suivant aucun ordre ; les dicter ; dicter, expliquer les mots, les phrases ; faire lire la copie. Faire distinguer dans la première colonne de gauche et passer, d'ici, delà les articulations qui la composent; puis les faire trouver dans les mots de la ligne.

RÉCAPITULATION

Émile a vu le Canada, l'Amérique, l'Afrique avec l'Algèrie qu'il a été heureux de parcourir.

La fermière a récolté du blé, de l'orge, de l'avoine, du cidre; la gelée a détruit prunes, pêches, abricots; le phylloxera a détruit la belle vigne du clos.

Le soldat monte la garde; à la guerre il supporte mille fatigues; il se doit à sa Patrie.

Charlemagne, dont le règne a duré quarante-six ans, a été un grand homme de guerre, un administrateur habile, un roi bon, juste, instruit.

Le matelot a servi son pays; il a navigué sur la mer; il a vu Rome, Sparte, Alexandrie; il a revu sa Patrie, son village, sa famille.

Le mot Patrie veut dire pays du père.

Honorons la mémoire de ceux qui sont morts

Procédés. — Faire lire, expliquer. Faire copier. Lire la copie. Explication sur la carte. Veiller à ce que les enfants n'apprennent pas par cœur. Faire lire des mots pris d'ici delà.

pour la Pa trie ou pour la con quê te de nos li ber tés pu bli ques.

La Fran ce, no tre Pa trie, a é té quel que fois é prou vée.

El le a su bi, dans un court es pa ce, trois in va sions ; el le a per du la li mi te du Rhin, sa fron tiè re na tu rel le, que la pre miè re Ré pu bli que lui a vait do nnée.

Le Rhin a été la li mi te de la Fran ce sous la pre miè re

Carte de la France.

Ré pu bli que. La Bel gi que, l'Al sa ce, Metz, les pro vin ces rhé na nes é taient a lors fran çai ses.

La der niè re guer re a coû té à la Fran ce deux bel les pro vin ces, cinq mi lliards de francs ; un grand nom bre de sol dats pé ri rent.

N'ou blions pas nos de voirs à l'é gard de la Pa trie.

Procédés. — Faire connaître la place occupée par les principales villes qui se trouvent sur cette carte ; voir celle qui se trouve le plus près de la région du pays où se trouve l'école. Faire remarquer les pays perdus après 1815 et après 1870. Faire voir où sont situées Metz, Strasbourg., etc. Lecture, explication. Copie.

3° SONS COMPOSÉS ET VOYELLES SIMPLES OU DOUBLES

an   *an*

am   *am*

Lampe (1)

— 1 —

b an — t an — v an — t am — l am — r am — j am.
am bre — lam pe — jam be — am ple — tam bour.
jam bon — cham bre — bam bou — cram pon.

— 2 —

Le son du tam bour ; un am ba ssa deur vi si ta le
camp ; le mé de cin a cou pé la jam be du bles sé à
l'am bu lan ce ; du jam bon d'A mé ri que ; am bre.

en   *en*

em   *em*

Enclume (1)

— 1 —

s en — m en — t en — j en — v en — d en.
tem ple — Hen ri — rem part — en fant — a gent.
tem pê te — em bus ca de — ser ment — en vie.

— 2 —

Le ré gi ment s'em pa ra du rem part; le mo nu ment
fu nè bre ; quin ze cents francs de ren te ; le temps.

Maman prend la lampe.

Procédés. — (1) S'inspirer des explications précédentes pour les exercices suivants. Détacher les sons. — Faire des rapprochements avec les sons déjà étudiés. Faire remarquer les sons équivalents.

on
om

p**om**piers (1)

— 1 —

n on — b om — s on — n om — d on — g on — f on.
bom be — ga zon — pom pon — tom be — Ja pon.
mou ron — com pas — pom pe — cham pi gnon.

— 2 —

La ra de de Tou lon ; la pom pe à in cen die ; mon
com pa gnon de jeux ; le cham pi gnon croît dans
l'om bre ; le blanc de Meu don ; tran che de jam bon.

RÉCAPITULATION

an, am — en, em — on, om.

En vions le sort de ceux qui sont morts sur le champ
d'ho nneur, pour la dé fen se de la pa trie en va hie.
Car not mé ri ta le sur nom d'or ga ni sa teur de la
vic toi re ; les ha bi tants de l'Al sa ce, de la Mo sel le
a tten dent a vec es pé ran ce le prompt re tour de
leur pays à no tre chè re Fran ce dé mem brée.

Le mouton mange le gazon.

Procédés. — (1) Expliquer ce que c'est qu'une **pompe**. — A quoi servent les *pompes?* — Détacher
le son **om** du mot. Revenir sur le son **on**, etc. Mêmes observations que précédemment. Copier. Lire
la copie. Faire remarquer les sons équivalents.

eu

œu

œur

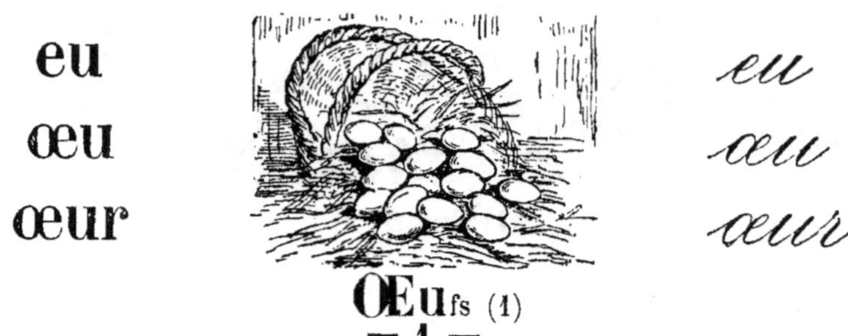

OEufs (1)

— 1 —

j eu — p eu — v œu — f eu — n œud — s œur.
œu vé — peu reux — œu vre — heu reux — beu rre.
dé sœu vré — ba tteu se — fu rieux — ma nœu vre.

— 2 —

Le feu des truc teur ; un nœud de cra va te ; un cent
d'œufs ; deux bœufs roux ; un en fant peu reux.

un

um

Un

— 1 —

l un — f un — t un — l um — h um — br un.
jun te — a lun — lun di — par fum — cha cun.
hum ble — co mmun — o ppor tun — dé fun te.

— 2 —

J'a chè te de l'a lun ; le par fum de la fleur ; ne
pas pren dre pour ma xi me : cha cun pour soi.

o
au

Autruche (1)

— 1 —

b au — f au — d au — s au — t au — f au — j au.
chaux — au ge — au ne — tau pe — é tau — fau te.

— 2 —

Un se rin jau ne ; un sau le pleu reur ; un faux
ser ment ; la fau vet te à tê te noi re ; l'au ro re.

o
au
eau

Tonn**eau**x (1)

— 1 —

p eau — s eau — b eau — v eau — eau — sc eau.
ba teau — co peau — ca veau — beau té — ro seau.

— 2 —

Un beau ca deau ; un seau d'eau ; le ca veau noir.
Il faut cer ceau au to nneau ; la peau de l'a gneau.

in
im

Mar**in** (1)

— 1 —

l in — v in — p in — t im — l im — p im — r im.
im pôt — im pur — lim pi de — ma rin — sim ple.

— 2 —

Mon cou sin Fir min a u ne bel le tim ba le.
Le sin ge grim pe au sa pin du che min ; le marin.

in

ain

aim

ᴍain (1)

— 1 —

p ain — m ain — f aim — s ain — d aim — b ain.
le vain — pou lain — grain — faim — mal sain.

— 2 —

Jeu de main, jeu de vi lain ; mê le du le vain à la
pâ te du pain ; la faim fe ra sor tir le loup du bois.

Procédés. — (1) Mêmes observations que précédemment. — Exercices au tableau noir. Copie des
exercices. — Lecture des copies. Faire remarquer, reconnaître les sons équivalents.

in
ein

p**ein**tre (1)

— 1 —

s ein — r ein — fr ein — pl ein — t ein — s ein.
se rein — pein tre — sa pin — cein tu re — vi lain.
tein dre — plain te — tein tu re — pou lain — frein.

— 2 —

Le frein du train ; le ba ssin se ra plein de main.
On a é teint l'in cen die ; un pein tre ha bi le.
La bou cle de la cein tu re ; Mar tin a le teint ro se.

RÉCAPITULATION

in   — bu rin, cale pin, cou sin, din don, fes tin.
im   — im po li, im pur, lim pi de, tim bre, sim ple.
ain — bain, cer tain, fu sain, le vain, pa rrain.
aim — daim, faim, le daim a faim, Paim bœuf.
ein — cein tu re, tein dre, frein, plein, pein dre.
yn   — syn ta xe, syn co pe, syn dic, syn thè se.
ym   — sym bo le, tym pan, nym phe, symp tô me.

Martin feint d'avoir faim.

è
ai

 Aile (1)

— 1 —

m ai — b ai — d ai — g ai — l ai — p ai — r ai.
ai de — ai le — ai gu — aî né — ai se — ai re.
mai re — tai se — pai re — plai re — rai son.

— 2 —

La lai ne du mou ton ; du bon lait de chè vre ; u ne
pai re de bas ; ai me ton maî tre ; le mois de mai.
Char les Mar tel fut mai re du pa lais ; le rai sin.

è
ei

pei gnes (1)

— 1 —

p ei — r ei — v ei — l ei — n ei — s ei — t ei.
rei ne — pei gne — vei ne — sei ne — pei ne.
nei ge — trei ze — ba lei ne — plei ne — ha lei ne.

— 2 —

La ba lei ne a re çu trei ze bles su res ; tou te
pei ne mé ri te sa lai re ; u ne bou tei lle plei ne.

Hélène aime sa mère.

Procédés. — (1) Mêmes indications que précédemment. Intéresser les enfants à la leçon. — Leur décomposer les sons. — Faire remarquer leur équivalence et voir au tableau noir les lettres qui entrent dans leur formation.

è
et
es
est

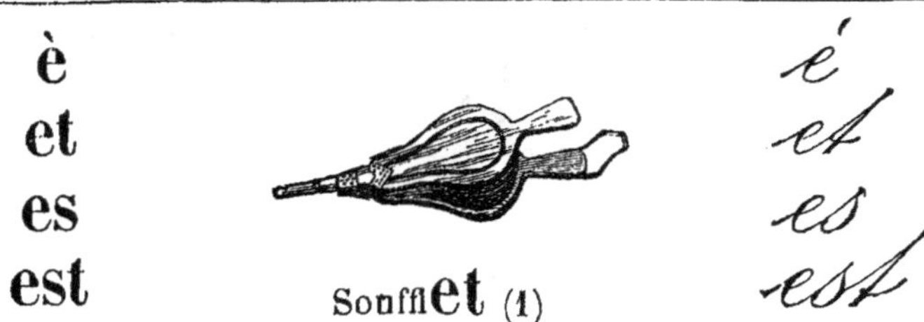

Soufflet (1)

*é
et
es
est*

— 1 —

j et — m es — c'est — n et — d es — m ets.
na vet — vo let — fu ret — ri vet — li vret.
su jet — gi let — ro bi net — la cet — pis to let.

— 2 —

Des poulets gras ; des volets verts ; le gilet du
valet ; des cabi nets secrets ; les la cets de ces
corsets ; le préfet de la Seine ; le buffet est vitré.

é
er

Panier (1)

— 1 —

g er — p er — v er — c er — m er — t er — d er.
ai mer — dan ser — dî ner — sou per — goû ter.
bou lan ger — bou cher — ber ger — ver ger.

— 2 —

Le dî ner du co cher ; allons jouer, sau ter, dan ser
dans la cour ; il y a du dan ger à se bai gner seul.

Ernest est allé dîner.

Procédés. — (1) Mêmes indications. — Intéresser. Se servir du tableau noir. Faire copier. Lire les copies. Équivalence des sons.

é
ez

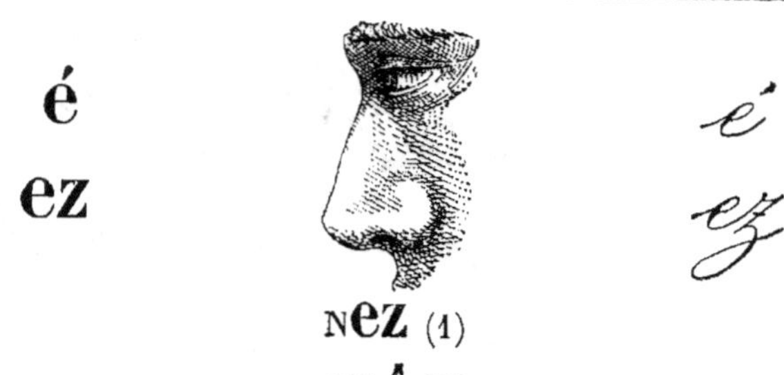

é
ez

NEZ (1)

— 1 —

n ez — ch ez — m ez — v ez — t ez — l ez — s ez.
fer mez — res tez — mar chez — chan tez — par tez.
man gez — chan gez — cher chez — dor mez.

— 2 —

Mé na gez la chè vre et le chou ; ho no rez et
res pec tez les per so nnes â gées ; vous i rez goû ter
chez le fer mier ; é par gnez vo tre temps ; chez.

RÉCAPITULATION

ê — fo rêt, tem pê te, frê ne, fê te, hê tre, rê ve.
ai — vrai, brai se, fon tai ne, mau vais, ma rais.
ei — vei ne, pei ne, cor bei lle, ba lei ne, pei gne.
et — gi let, cro chet, che va let, cou plet, mar ti net.
es — les, mes, tes, ses, des, ces, est, c'est, n'est.
er — clo cher, ca va lier, mes sa ger, Al ger, jouer.
ez — a ssez, dor mez, cher chez, rez-de-chau ssée.

Aimez vos frères et vos sœurs

Procédés. — (1) Quelle est la partie de la figure représentée par cette image ? — Le nez. — Faire
remarquer les sons ez, er, et qu'on prononce comme la voyelle é. — Rappeler la forme de l'accent
aigu ('). ze, re, te, en déplaçant e, deviennent ez, er, et, qu'on prononce é. — Copier les exercices au
tableau : les faire reproduire ; lire sur le livret, sur la copie alternativement. — Expliquer les mots.
Faire remarquer les équivalences.

oin

coin (1)

oin

— 1 —

f oin — l oin — c oin — s oin — j oin — p oin.
té moin — poin te — sain foin — poin çon — foin.
poin dre — re join dre — em bon point — loin tain.

— 2 —

Un champ de sain foin ; cet en fant a mé ri té
des bons points ; le té moin a vu le cri me
de loin ; pre nez soin de vous la ver les mains.

ien

ch ien (1)

ien

— 1 —

b ien — l ien — r ien — m ien — s ien — t ien.
gar dien — vau rien — Pru ssien — com bien.

— 2 —

Ton chien est fi dè le, mais il vaut moins que
le mien ; Lu cien et A drien sont deux vau riens.

Julien aura un bon point

ail  *ail*

Évent**ail** (1)

é mail — é ven tail — bail — dé tail — sou pi rail.

eil  *eil*

Sol**eil** (1)

ré veil — so leil — pa reil — ver meil — Cor beil.

euil  *euil*

Faut**euil** (1)

s euil — t reuil — d euil — é cueil — fau teuil.
Mes chers en fants met tez ces con seils en
pra ti que : au seuil de la vie pre nez l'ha bi tu de
du tra vail, de l'or dre et de l'é co no mie.

RÉCAPITULATION.

oin — La poin te du jour va poin dre.
ien — Ju lien a fau ché le sain foin.
ail — Le chien ra mè ne le bé tail au ber cail.
eil — A mon ré veil à Cor beil, j'ai vu le so leil.
euil — Le treuil sert à é le ver des far deaux.

REMARQUES SUR LES LETTRES : **i, t, y.**

ï Les deux points sur un ï indiquent que cette voyelle doit se prononcer seule. Exemples ·

hé ro ï que, é go ïs te, na ïf, ha ïr, ca ï man.
L'é go ïs te ne pen se qu'à lui. L'é go ïs me est un vi lain dé faut. Le Si na ï est une mon ta gne de l'A sie. La na ï ve té de l'en fan ce plaît. On ad mi re ra tou jours l'hé ro ïne et pa trio ti que Jeanne Darc. Le vi ce est ha ïs sable. Ne ha ïs sez per sonne.

t a, dans quelques mots, le son de deux **s.** Exemples :

i mi ta tion, ac tion, do ta tion, é mi gra tion,
bi fur ca tion, mi nu tie, pro phé tie, cal vi tie.

Procédés. — Expliquer les mots : Copie des exercices. — Lecture des copies. Conseils de bonne conduite, principes de morale. Donner force explications de façon à ce que la leçon de lecture serve non seulement à ouvrir l'intelligence des enfants mais encore à leur donner de bons sentiments et de précieuses qualités du cœur. Il ne faut jamais, dans n'importe quelle leçon, séparer l'instruction de l'éducation.

Les en fants sont por tés à l'i mi ta tion. Nous
a vons en ten du le ré cit d'u ne bel le ac tion. A
la ré vo lu tion, il y eut u ne é mi gra tion. La
cal vi tie est l'é tat d'u ne tê te chau ve. La
pro phé tie est u ne pré dic tion fai te par u ne
in spi ra tion. A l'é co le on ac qui ert de l'in-
struc tion et u ne bo nne é du ca tion. U ne frac-
tion est u ne por tion de l'u ni té.

---

y dans le corps d'un mot a la valeur de deux **i**; ainsi le
mot *noyau* se prononce comme s'il était écrit : **noi iau**. Exemples :

tuy au, foy er, loy al, noy é, noy er, moy en,
moy eu, a pi toy er, roy au me, net toya ge, joy au.

Les tuy aux ser vent à la con dui te de l'eau,

de l'air, du gaz ou de la
fu mée. Le noy er est un
ar bre frui tier. Cha cun paie
son loy er. Le foy er est
l'endroit de la che mi née où
l'on allu me le feu. Il faut

Le foyer de la cheminée.

é vi ter de casser ou d'a va ler les noy aux. Ay ez
pi ti é des mal heu reux.

EXERCICES

Le moy en d'ê tre heu reux c'est d'ê tre sa ge et la bo ri eux. Le moy eu est la par tie cen tra le de la roue. Un roy au me est un é tat gou ver né par un roi. Il faut ê tre loy al, jus te et bon. Le Pa lais-Ro yal, à

Roue.

Pa ris, est le si è ge du con seil d'É tat de la Ré pu bli que. Les che mins de fer ont des bi fur ca tions. Re poussez les mau vai ses ten ta tions. Ay ez des soins mi nu ti eux, des a tten tions dé li ca tes pour vos grands pa rents. Le ca ï man est une sor te de cro co di le ou grand lé zard am phi bie qui ha bi te les con trées chau des.

U ne punition est la sanc tion d'u ne fau te ; u ne ré com pen se est la sanc tion d'u ne bó nne ac tion. Ay ez l'am bi tion de de ve nir des hommes loy aux, ho nnêtes, jus tes et bons. Nous a vons per du u ne frac tion de la Lo rrai ne.

EXERCICES.

L'É cu reuil est un jo li pe tit a ni mal i no ffen sif, qui vit sur les ar bres dans les fo rêts. Il est

L'Écureuil est un joli petit animal.

lé ger, fort ti mi de, le moin dre bruit le fait fuir, il grim pe, sau te de bran che en bran che et des cend ra re ment à te rre. Il se nou rrit de noix, d'a man- des, de noi se ttes et du fruit du hê tre a ppe lé faî ne.

La noix, l'a man de, la noi se tte, la faî ne é cra sées donnent de l'hui le.

La mei lleu re hui le est fai te a vec des o li ves.

L'o li vier est un bel ar bre tou jours vert qui fait la ri che sse de la pro vin ce de la Fran ce ap pe lée la Pro ven ce.

L'hui le d'o li ve est em plo yée, co mme le beu rre, dans la cui si ne, pour la pré pa ra tion des a li ments et pour la sa la de.

Les au tres hui les, de col za, de chè ne vis, d'œil let te, de lin, sont em plo yées dans l'in dus trie ou en mé de ci ne , elles ser vent en co re à l'é clai ra ge, au moy en de lam pes de tou tes sor tes.

Expliquer les mots : *inoffensif, hêtre, aliment, industrie, préparation.* Copie. Lecture des copies.

CHARLES A BON COEUR.

Char les a pi tié des pau vres, des mal heu reux, de tous ceux qui sou ffrent.

Char les les sou la ge quand il le peut.

Ain si, l'au tre jour, il a ren con tré la mè re Ni co le, pau vre fem me â gée, qui a per du son ma ri et ses enfants, et qui est bien mal- heu reu se.

Charles chargea le fagot sur ses épaules.

El le ren trait au vi lla ge por tant un lourd fa got de bois mort qu'el le a vait é té ra ma sser dans la fo rêt.

É pui sée de fa ti gue et à bout de for ces, el le se re po sait sur le bord de la rou te quand Char les, sor tant de l'é cole, vint à pa sser.

« Re po sez-vous, mè re Ni co le, lui dit-il, je vais por ter vo tre fa got à vo tre mai son. »

Char les a eu pi tié de la pau vre vi eille fem me. Il a fait là u ne bo nne ac tion.

Procédés. — Faire raconter la conduite de Charles. — Explication des mots. — Copie de la leçon. — Éducation morale : soulagement des malheureux.

LE MENSONGE.

Il faut, mes en fants a voir ho rreur du men son ge.

C'est le pi re des dé fauts.

Le men teur est un trom peur ; il est bien près de de ve nir un vo leur.

Quelle hon te pour un en fant quand on dit de lui :

« C'est un men teur ! »

Quel cha grin pour sa mè re, quand on dit d'u ne pe ti te fi lle :

« C'est u ne men teu se ! »

Di tes tou jours la vé ri té, coû te que coû te.

S'il vous a rri vait, mes en fants, de co mmettre u ne fau te, au lieu de men tir, ou de cher cher à vous ex cu ser, pour ne pas ê tre gron dés ou pu nis, a vouez, a vouez fran che ment, et a vec re gret, que vous a vez mal fait et que vous a vez mé ri té u ne pu ni tion.

Le men teur est mé pri sé. *De plus il n'est pas heu reux, car sa con scien ce qui lui par le au fond du cœur, lui crie bien fort qu'il fait mal et qu'il doit a voir gran de hon te d'a gir ain si.*

Procédés. — Explication des mots. — Éducation morale : Le mensonge, où il mène, ses consé-quences. Donner des exemples. — Copie de la leçon. — Lecture de la copie.

LA BONTÉ DE LOUISE.

Loui se va à l'é co le. Elle est ci tée co mme
ı ne bo nne pe ti te fi lle.

Tou tes ses ca ma ra des
'ai ment.

Loui se mé ri te bien d'ê tre
ıi mée, co mme vous allez le
voir.

Loui se a le bon heur d'a voir
son pè re et sa mè re.

Louise partage son déjeuner avec celle
de ses amies qui n'est pas aussi heureuse qu'elle.

Sa mè re la con duit à l'é co le cha que ma tin
et lui remet son pa nier ren fer mant du pain, des
pro vi sions pour la jour née.

Loui se a pour voi si ne et pour ca ma ra de
une pau vre pe ti te, Hé lè ne qui n'a plus de mè re.

C'est un grand mal heur, mes en fants, de
per dre sa mè re !

Au ssi, Hé lè ne n'a ppor te pas à l'é co le un
pa nier bien gar ni. Sou vent, el le n'a que du
pain sec pour son dî ner.

*Mais, heu reu se ment, Loui se est là ; el le par ta ge a vec
Hé lè ne, co mme a vec u ne sœur, les bo nnes pro vi sions
qu'e lle doit à son ex cel len te mè re.*

Est-ce que Loui se ne fait pas bien?

Leçon de morale. — La faire raconter. Explication des mots. Copie de la leçon, lecture des copies.
Éducation morale : la bonté, la charité.

LES ANIMAUX.

Les a ni maux sont pour l'ho mme u ne sour ce de pro duc tions et de ri che sses. Ils sont co mme nous, sen si bles aux bons et aux mau vais traitements.

Le chien suivait l'enterrement de son maître.

Les en fants qui font souffrir les a ni maux n'ont pas de cœur. Les a ni maux do mes ti ques ont droit à nos soins, à no tre pro tec tion ; tou jours ils s'en mon trent re co nnai ssants.

On a vu des chiens mou rir par sui te du cha grin d'a voir per du leur maî tre.

J'ai lu quel que part l'his toi re d'un pau vre chien qui a sui vi le con voi, à l'en ter re ment de son maî tre, et qui, re fu sant en sui te tou te nou rri tu re, est mort à la pla ce où son maî tre a été en ter ré.

En fants, ne fai tes ja mais de mal aux a ni maux.

Procédés. — Explication des mots. — Éducation du cœur, éducation morale. — Protection aux faibles etc. — Copie, lecture de la leçon copiée.

LE TRICOT.

Loui se, à l'é co le, a pprend bien à li re, à é cri re ; el le fait beau coup de pro grès. Mais elle a pprend en co re à cou dre et à tri co ter.

La cou tu re, le tri cot sont des tra vaux ma nuels.

Louise a su vite conduire un tricot.

A l'é co le, on doit appren-dre à tra va iller des mains. Le tra vail ho no re.

Loui se, a ppli quée et a tten ti ve, a su vi te con-dui re un tri cot.

El le a é té très heu reu se de co mmen cer à se ren dre u ti le, et de tri co ter u ne pai re de bas pour son pe tit frè re.

Et co mme el le a bon cœur, el le a de man dé à sa mè re la per mi ssion de tri co ter pour l'hi ver, des bas, bien chauds, qu'el le do nne ra à des mal heu reux qui n'en ont pas, et qui n'ont pas non plus d'ar gent pour s'en pro cu rer.

N'est-ce pas que no tre pe ti te Loui se est bo nne et que tou tes les pe ti tes fi lles de l'é co le vont tâ cher de lui re ssem bler ?

Procédés. — Explication des mots. — Faire raconter la leçon totalement. — Éducation morale : Le travail, la charité. — Copie, lecture de la leçon copiée.

RÉCAPITULATION GÉNÉRALE

Mes Chers en fants,

Nous voi là à la fin de no tre deu xiè me pe tit li vre.

Si vous avez bien fait a tten tion aux le çons du pre mier et du deu xiè me li vrets ;

L'application à l'école.

Si vous a vez é cou té les ex pli ca tions de vos maî tres ; Si vous vous ê tes a ppli qués de vo tre mieux à la co pie de tous les ex er ci ces que vous a vez lus,

Vous a vez vain cu les pre miè res di ffi cul tés des é tu des que vous de vez fai re à l'é co le.

Vous co mmen cez à li re.

Quand on sait li re, on peut de ve nir sa vant.

Quand on sait li re, on peut li re les bel les his toi res que ren fer ment les li vres.

Vous co mmen cez au ssi à li re l'é cri tu re.

Vous a vez lu vo tre co pie, la co pie de vo tre voi sin.

Vous sa vez é cri re, vous pou vez for mer ou tes les let tres de l'al pha bet.

Vous pou vez é cri re vo tre nom, le lieu et la da te de vo tre nai ssan ce.

Vous pou vez é cri re le nom de vo tre vi lle ou le vo tre vi lla ge, ce lui de vo tre dé par te ment;

Vous pou vez au ssi é cri re le nom de no tre pa trie.

No tre pa trie, vous le sa vez, c'est la Fran ce.

Vo tre ins ti tu teur vous par le sou vent de la Fran ce que nous de vons tous ai mer, ho no rer, ser vir.

On vous a ppren dra, à l'é co le, à co nnaî tre no tre Fran ce; on vous par le ra de sa si tua tion, de sa gran deur, de ses gloi res,

La leçon de géographie.

de ses i llus tra tions et au ssi de ses mal heurs.

Quand vous co nnaî trez bien no tre Fran ce vous l'ai me rez co mme vous ai mez vo tre mai son, vo tre fa mi lle, vo tre vi lle ou vo tre vi lla ge. On vous a ppren dra, à l'é co le, à par ler, à é cri re co rrec te ment no tre lan gue fran çai se que tous les Fran çais par lent.

L'exercice militaire à l'école, d'après Ed. Frère.

A l'é co le, on vous a ppren dra tout ce qu'il faut que vous sa chiez quand vous se rez grands, quand vous se rez des ho mmes, a fin que vous fa ssiez de bons ci toy ens, de so li des pa tri o tes ; vous se rez un jour des sol dats cou ra geux sa chant fai re l'ex er ci ce et ma nier le fu sil.

Chers enfants,

Aimez vos parents et gardez-vous de leur jamais désobéir ;

Aimez votre maître qui se donne beaucoup de peine pour vous ; écoutez ses leçons, suivez ses conseils ;

Aimez votre école ; venez-y tous les jours avec plaisir et n'y arrivez jamais en retard.

Aimez le travail, aimez la lecture.

Ayez de l'ordre ; ayez soin de vos vêtements, de vos livres, de vos cahiers, et de tous les objets à votre usage.

Les livres coûtent cher ; il faut aussi beaucoup d'argent pour acheter des vêtements, des

Aimez la lecture.

chaussures et tout ce qu'il faut pour votre nourriture.

Et l'argent coûte beaucoup de peine, beaucoup de mal à votre père pour le gagner.

L'ordre mène à l'économie, l'économie mène à l'aisance, souvent à la richesse.

Soyez bons pour vos frères, pour vos sœurs et pour vos camarades ; ayez le mensonge en horreur.

Ne maltraitez jamais les animaux.

Ayez pitié des pauvres, des malheureux, de tous ceux qui souffrent et qui sont dans la peine.

Respectez les vieillards.

Aimez la France, notre Patrie, si grande et si belle.

De retour de l'école, rendez à votre mère les petits services que vous pouvez lui rendre, pour alléger son travail et ses peines.

C'est ainsi que vous vous ferez aimer, et que vous grandirez en vous préparant à devenir des hommes de bien.

LE SOLDAT

Toi qui, de si leste façon,
Mets ton fusil de bois en joue,
Un jour tu feras tout de bon
Ce dur métier que l'enfant joue.

Il faudra courir sac au dos,
Porter plus lourd que ces gros livres,
Faire étape avec des fardeaux,
Cent cartouches, trois jours de vivres

Tu seras soldat, cher petit !
Tu sais, mon enfant, si je t'aime !
Mais ton père t'en avertit,
C'est lui qui t'armera lui-même !

Quand le tambour battra demain,
Que ton âme soit aguerrie ;
Car j'irai t'offrir, de ma main,
A notre mère, la Patrie !

(De Laprade)

Procédés. — Faire lire ce morceau par fractions, en quatre fois, après en avoir préalablement expliqué les mots, la pensée.

Faire copier les vers lus, expliqués et compris, et les faire apprendre par cœur comme exercice de mémoire.

D'APRÈS LA MÉTHODE DE M. LACABE

Inspecteur primaire

Afin de faciliter l'exercice et de le rendre véritablement utile, nous nous sommes attaché à établir, dans ces modèles, une relation très simple entre les dimensions des lignes. A cet effet, le *centimètre* a été adopté comme *unité*, et les lignes, les distances expriment toujours un nombre exact de centimètres ou de demi-centimètres.

Ces *exercices préparatoires* seront faits à main levée ; ils sont presque tous disposés pour deux reproductions. Les modèles représentent des objets familiers à l'enfant. Nous avons cherché à éviter deux écueils contre lesquels on se heurte trop souvent. En voulant simplifier les formes, on fait des dessins méconnaissables, et nous avons écarté les modèles qui ne se prêtaient pas à une représentation linéaire de toute clarté. Nous avons adopté le dessin géométral pour tous les modèles, sans exception.

Le maître veillera à la tenue de l'élève pendant qu'il dessine.

On n'incline pas le corps en avant, car l'œil du dessinateur doit embrasser en même temps les deux bords du cahier.

On tient le crayon comme le porte-plume, à deux ou trois centimètres de la pointe. On évite de le serrer entre ses doigts, ou d'appuyer fortement sur le papier.

On place le cahier droit devant soi, et on ne le tourne jamais.

N. B. — *Pour la reproduction de ces divers modèles on se servira du* **cahier d'application** *de la méthode Lacabe* (même librairie).

1. Lignes verticales. 2. Lignes horizontales. 3. Lignes obliques.

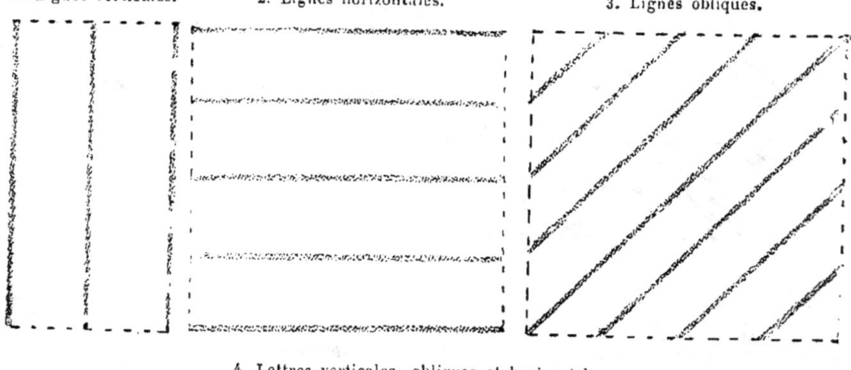

4. Lettres verticales, obliques et horizontales.

5. Combinaison de verticales et d'horizontales.

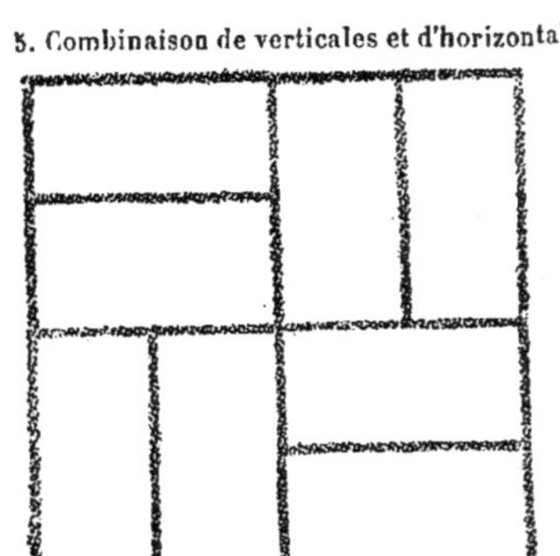

6. Barrière.

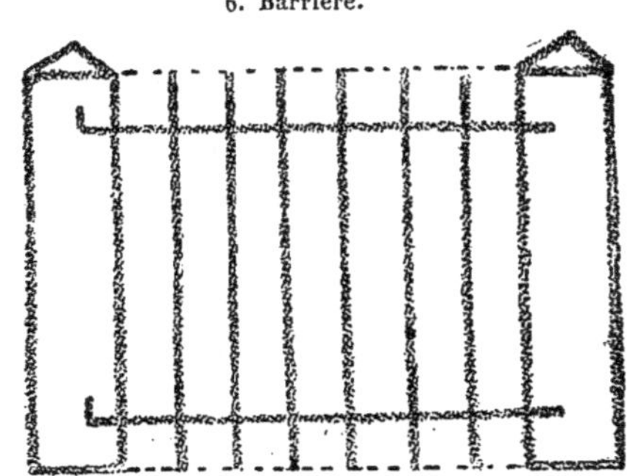

7. Enveloppe.

8. Moulin à café.

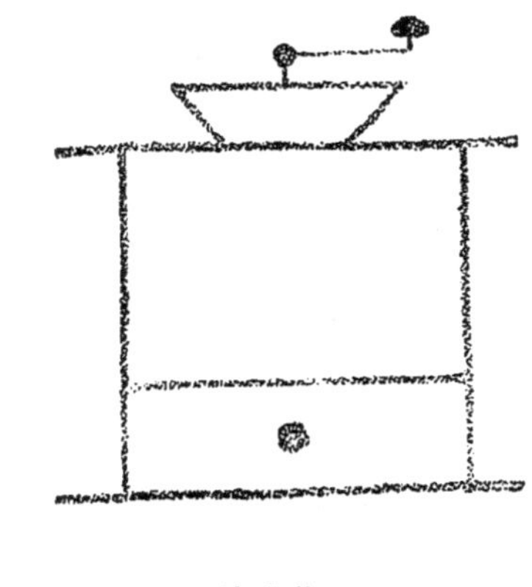

9. Porte.

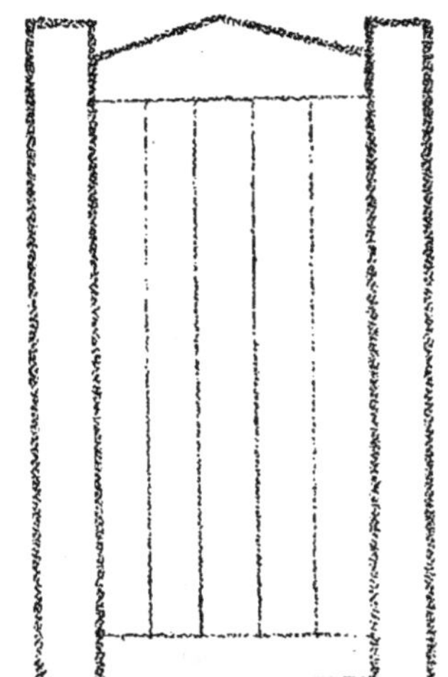

10. Lettres.

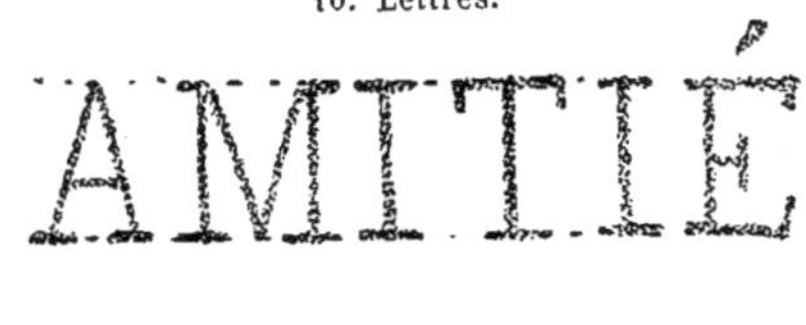

11. Lettres.

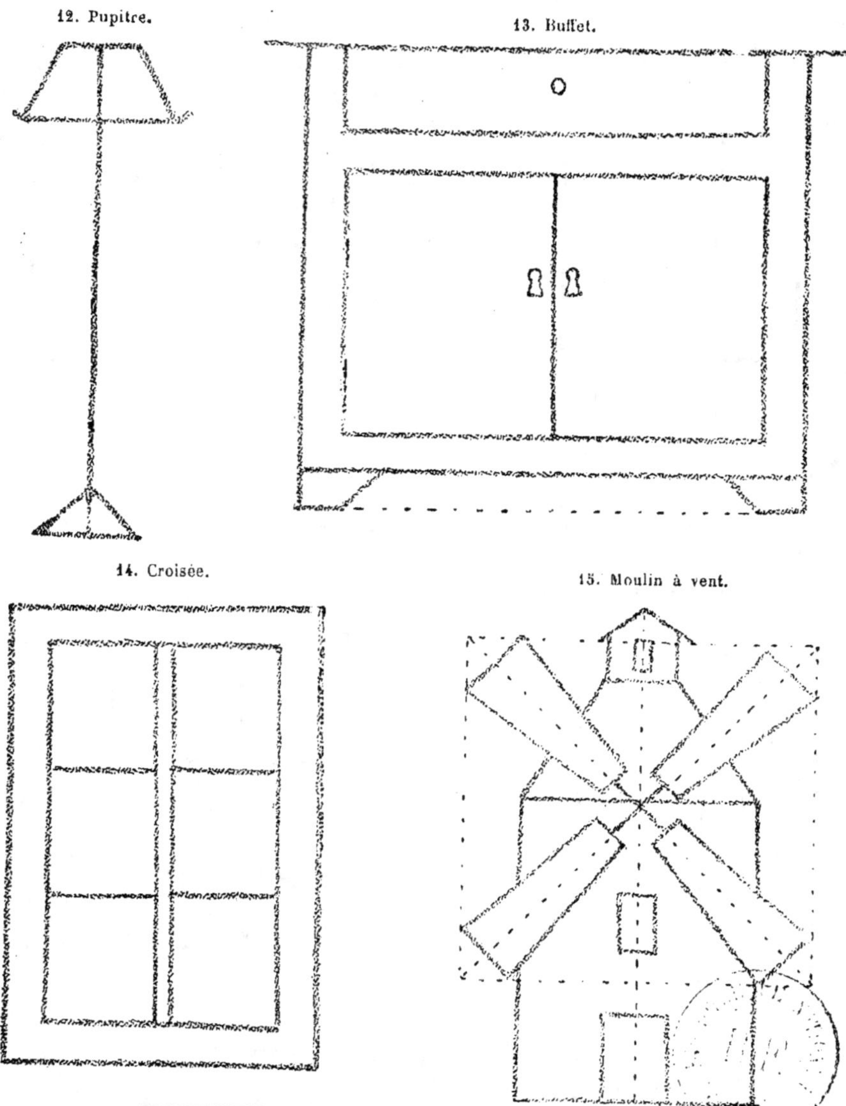

12. Pupitre.
13. Buffet.
14. Croisée.
15. Moulin à vent.